Les Ornithorynques

Savais-tu?

Les Ornithorynques

Alain M. Bergeron
Michel Quintin
Sampar

Illustrations de Sampar

ÉDITIONS
MICHEL
QUINTIN

Catalogage avant publication de Bibliothèque et Archives nationales du Québec et Bibliothèque et Archives Canada

Bergeron, Alain M.

Les ornithorynques

(Savais-tu? ; 60)
Pour enfants de 7 ans et plus.

ISBN 978-2-89435-680-7

1. Ornithorynque - Ouvrages pour la jeunesse. I. Quintin, Michel. II. Sampar. III. Titre. IV. Collection : Bergeron, Alain M. Savais-tu? ; 60.

QL737.M72B47 2014   j599.2'9   C2013-942064-9

Infographie: Marie-Ève Boisvert, Éd. Michel Quintin

Le Conseil des Arts du Canada
The Canada Council for the Arts

SODEC
Québec

Patrimoine   Canadian
canadien   Heritage

La publication de cet ouvrage a été réalisée grâce au soutien financier du Conseil des Arts du Canada et de la SODEC.

De plus, les Éditions Michel Quintin reconnaissent l'aide financière du gouvernement du Canada par l'entremise du Fonds du livre du Canada pour leurs activités d'édition.

Gouvernement du Québec – Programme de crédit d'impôt pour l'édition de livres – Gestion SODEC

ISBN 978-2-89435-680-7
Dépôt légal – Bibliothèque et Archives nationales du Québec, 2014
Dépôt légal – Bibliothèque et Archives Canada, 2014

© Copyright 2014

Éditions Michel Quintin
4770, rue Foster, Waterloo (Québec)
Canada J0E 2N0
Tél.:   450 539-3774
Téléc.: 450 539-4905
editionsmichelquintin.ca

14 - A G M V - 1

Imprimé au Canada

Savais-tu que l'ornithorynque vit uniquement à l'est de l'Australie et en Tasmanie?

Savais-tu qu'il est l'un des très rares mammifères à pondre des œufs ? Après l'éclosion, comme chez tous les mammifères, la femelle allaite ses petits.

Savais-tu que ce mammifère est deux fois plus petit qu'un chat domestique? Le poids de l'ornithorynque adulte dépasse rarement 2,5 kilos.

Savais-tu que cet animal nocturne passe la majorité de son temps dans les lacs et les rivières? Par contre, il dort dans un terrier qu'il creuse sur la berge d'un cours d'eau.

Savais-tu qu'à la nage il peut atteindre la vitesse de
3 à 4 kilomètres à l'heure ? Il se propulse avec ses pattes
antérieures largement palmées et se dirige avec ses pattes
postérieures et sa queue, qui fait office de gouvernail.

Savais-tu que l'ornithorynque peut rester de 5 à 10 minutes en apnée? Cependant, ses plongées durent généralement moins d'une minute.

Savais-tu que, sous l'eau, l'ornithorynque est aveugle et sourd ? En effet, quand il plonge, en plus de boucher ses narines, des replis de peau ferment à la fois ses yeux et ses oreilles.

Savais-tu qu'un renflement sur la partie postérieure de sa langue charnue lui permet d'obstruer complètement le fond de sa gueule? Cela lui évite d'avaler de l'eau lorsqu'il se nourrit en plongée.

Savais-tu qu'avec son bec extrêmement sensible l'ornithorynque localise ses proies sous l'eau par électrolocalisation? Il peut en effet détecter les champs électriques que produisent leurs moindres mouvements.

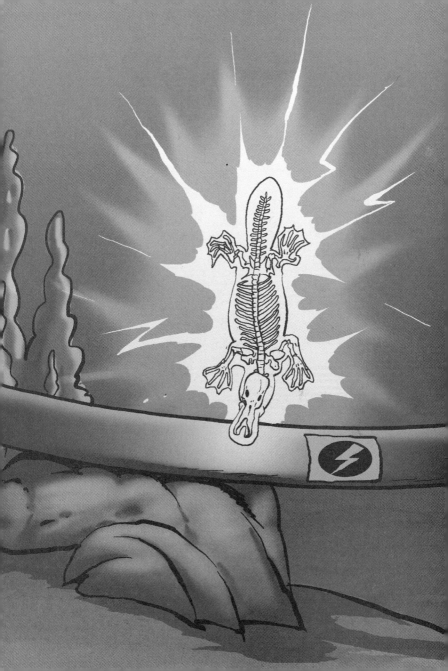

Savais-tu que c'est en effectuant des mouvements caractéristiques de va-et-vient avec sa tête que l'ornithorynque détermine la direction de la source

électrique? Il y arrive en comparant l'intensité du signal selon l'orientation de son bec.

Savais-tu que ce carnivore se nourrit principalement de larves d'insectes, de vers, de crevettes et d'autres invertébrés aquatiques? Le plus souvent, il trouve ses proies en fouillant le fond de l'eau.

Savais-tu que ses bajoues lui servent à stocker la nourriture qu'il chasse sous l'eau ? Il mange ensuite en surface.

Savais-tu que, comme il n'a pas de dents, l'ornithorynque broie sa nourriture entre des plaques cornées situées dans sa bouche?

Savais-tu que ce mammifère consomme chaque jour
l'équivalent du tiers de son poids en nourriture?

Savais-tu que, pendant la belle saison, il emmagasine des réserves de graisse dans sa queue en prévision de l'hiver?

Savais-tu que les mâles adultes ont sur leurs pattes postérieures, au niveau des chevilles, un aiguillon venimeux ?

OUI, MAIS POURQUOI TU NE PORTES PAS DES ESPADRILLES COMME TOUT LE MONDE?

Savais-tu que cet éperon d'une longueur de 1 à 1,5 centimètre est relié à une glande à venin localisée dans la cuisse de l'animal ? L'ornithorynque est l'un des très rares mammifères

venimeux. À part lui, seules quelques musaraignes ont une salive venimeuse.

Savais-tu que, pendant la saison de reproduction, la taille des glandes à venin augmente et les mâles deviennent plus agressifs entre eux?

Savais-tu que le venin de l'ornithorynque peut tuer des petits animaux, dont le chien ? Si le venin n'est pas réellement dangereux pour l'homme, la piqûre est par contre très douloureuse.

Savais-tu que, comme les oiseaux, les reptiles et les marsupiaux, l'ornithorynque possède un cloaque ? C'est un orifice commun pour les voies intestinale, urinaire et génitale.

Savais-tu que la femelle a une seule portée par année et qu'elle pond de un à trois œufs à la fois?

MASSOTHÉRAPEUTE

Savais-tu que pour couver la femelle se roule en boule autour de ses œufs? Elle les maintient au chaud entre son ventre et sa queue repliée.

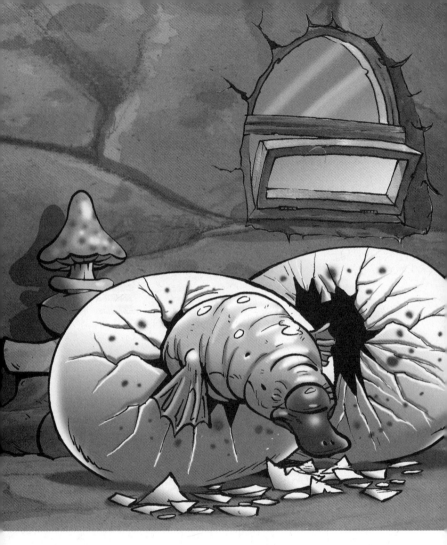

Savais-tu que c'est après environ 10 jours d'incubation qu'éclosent de minuscules ornithorynques? Les petits naissent nus et aveugles.

Savais-tu que la femelle n'a pas de mamelons ni de mamelles externes, mais plutôt des glandes mammaires sous-cutanées?

Savais-tu que, puisque la femelle n'a pas de mamelons, le lait maternel suinte sur toute sa partie ventrale ? Les petits lèchent les gouttelettes de lait accrochées aux poils.

Savais-tu que pendant environ quatre mois les petits ne se nourrissent que de lait?

Savais-tu que parmi les ennemis naturels de l'ornithorynque on compte, entre autres, les renards, les chiens, les serpents, les crocodiles et les poissons de grande taille ?

Savais-tu que l'ornithorynque peut vivre jusqu'à 12 ans dans la nature et 17 ans en captivité?

Savais-tu que, quoique assez commun, l'ornithorynque est une espèce protégée ? La perte de son habitat et les autres activités humaines (barrage, irrigation, pollution…)

pourraient à long terme avoir des conséquences sur les populations d'ornithorynques.